散策&観賞岩手（南部地域）編
～修学旅行に行く前に読む本～

一関・平泉

奥州

遠野

陸中海岸南部

序

　東北が道の奥、みちのくと呼ばれ、中央から遠く離れた文化はつる地のようにいわれたのは昔のこと。今では上野駅から東北新幹線を利用すれば約1時間50分弱で一ノ関駅に着く。また東北自動車道を一走りするか、いわて花巻空港から降り立つという方法もある。

「夏草や　兵どもが　夢の跡」（毛越寺内芭蕉翁句碑）

　江戸前期の俳人松尾芭蕉が「奥の細道」の旅に出たのが330年程前の元禄2年（1689）3月のこと。岩手を含め芭蕉が歩いた奥羽・北陸各地では、令和元年（2019）には「奥の細道」330年記念行事に盛り上がった。その芭蕉は、門人曽良一人を連れて江戸を発ち、日光経由で那須に入り、白河関を越えて松島を見学、そこから北上して平泉に着いたのは、実に1ヶ月半後のこと。この時の旅日記を基にして「奥の細道」が出来上がるわけだ。

　さて、日本一広い県岩手の魅力を余さず紹介しようとするのは不可能に近い。芭蕉の「奥の細道」に登場するのは、南の入口にあたるごく一部地域に過ぎない。そこで当書でも県内南部周辺の「一関・平泉」「奥州」「花巻」「遠野」「陸中海岸南部」の各地域に絞り代表的名所・見学施設などを取り上げることにした。数多くの地を対象として浅く総合的に取り上げるよりも、人文・歴史・自然の各分野から見て重要な地域に絞り、一つ一つの対象を詳述することで、より対象を深く理解することができると考えてためである。

　冒頭には岩手全体の風土を記し、さらには各項目ごとに収録エリア全体の特徴をまとめて記述してある。また各エリアごとに地図と交通のガイドを入れており、全体をつかみ、旅行計画を練るのに便利になっている。

本書の特色としては、地図などを多く収録し、見ながら散策できるように配慮した。中尊寺など建物配置をイラストで説明した所もある。また各社寺・文化施設は、住所・電話番号・交通アクセスのデータを入れている。交通は、最寄りのバス停・駅名を表記し、そこから目的地までの所要時間を目安として記入している。

　本書の2番目の特色は、ガイドブックとして役立つことはもちろん、読み物としても十分楽しめるよう工夫を凝らしていることだ。歴史上有名な人物、出来事に関しては、コラムを随所に入れて解説した。一つの柱として平泉に京をもしのぐ文化都市を建設した奥州藤原氏など、歴史上の人物にスポットを当てている。

　郷土の生んだ偉大な文学者宮沢賢治については、その人となりや文学作品について詳しく説明している。併せて高村光太郎と岩手のつながりについても取り上げた。

　民話のふるさと遠野の人気も高まる一方だ。座敷ワラシや河童、天狗、鬼などが生きる 妖 （あやかし）の世界が体験できるミュージアム「とおの物語の館」には柳田國男の「遠野物語」を一読して現地を訪れれば、なお一層実り多い旅となるだろう。

　岩手の今一つの魅力は、その美しい自然に求めることが出来る。県内に二つの国立公園と国定公園、七つの県立自然公園があり、それぞれに特色がある。海のアルプス陸中海岸、火山の博物館奥羽山の成り立ちや火山の種類など、地学的説明を盛り込んで理解の一助としている。

　こうしてみてくると、岩手県は約900年以上も昔に、中央に対する「地方の時代」を証明してみせた平泉という文化遺産を持ち、美しい自然と暖かな人情味あふれる土地といえよう。

　当書がこの魅力あふれる岩手（県南）への旅の手助けになれるよう願ってやまない。

岩手県の風土

1、自然

　岩手県は 1 万 5280 K㎡と日本一広い面積を持つ県だ。どれくらい広いかというと岩手 1 県で四国 4 県の面積と同じくらい、また外国でいえばベルギーのほぼ半分に匹敵するというから、その広さは相当なもの。

　日本一大きい県岩手には、本州一大きい町・岩泉町もある。いずれも岩がつくところが面白い。東に北上山地、西に奥羽山脈が南北に走る岩手の地形から生じた名であろう。岩手の地名の由来にはいくつかの説があるがその代表的なものは、盛岡城下北方にある三ツ石神社にちなんだもの。昔、この地に羅刹という鬼がいて、乱暴を働くので困った里人は、三ツ石の神に願って鬼を石に縛ってもらった。鬼は二度と里には来ませんと約束の手形を岩に押して釈放してもらったという、そこから岩手や不来方という岩手の古い呼び名が生じたというのである。三ツ石神社のご神体は高さ 3 m にも及ぶ三つの花崗岩。岩や山そのものを信仰する古い形態を伝えている。

　岩手のシンボル岩手山は、県の西を南北に走る奥羽山脈の最高峰である。奥羽山脈には岩手山のほかに十和田八幡平国立公園や栗駒国定公園・焼石連峰・駒ヶ岳などが属し、新生代第 3 紀の基盤の上に噴出したごく新しい火山で出来ている。今も活動している火山帯だけに、繋・花巻・湯本・湯川・須川など温泉が多いことも特徴だ。

　それらに対し県の東を南北に縦走する北上山地は、中生代などの古い地層からな

り、隆起準平原である。外山・早坂・平庭などの高原が続き、馬の産地に適していた。南部藩（盛岡藩）は馬の生産を奨励し、馬と人間が一つの屋根の下に暮らす「南部曲り家」も生まれるなど、馬と密着した生活がみられた。今では馬に代わって牛を飼う所が多い。父なる山・岩手山に対し、母なる川・北上川は岩手・二戸両郡界の七時雨山に源を発し、南流して石巻湾に注ぐ延べ 250 km に及ぶ大河だ。昔から船運が発達し、要所要所に中継ぎの港を栄えさせてきた。平泉の黄金文化を築いたのも、この北上川を利用した交通網を抜きにしては考えられない。

　岩手の経済・文化・農業に大きな恵みをもたらした北上川は、一方でしばしば大洪水を起こして下流の人々を苦しめた。しかし近年では洪水調節、農業水利、発電などの多目的ダムが次々と建設され、洪水の危険は消えたといえるだろう。

　一方太平洋岸にはプレートテクトニクスと呼ばれる地殻の移動と、地殻のもぐり込み現象がみられる（詳細はコラム 39 頁参照）。

　2011 年（平成 23 年）3 月 11 日の東日本大震災津波では、県内各地（主に、南から陸前高田市、大船渡市、釜石市、上閉伊郡大槌町、同郡山田町、宮古市など）で深刻な被害が発生した。

　津波は、1896 年（明治 29 年）、1933 年（昭和 8 年）の三陸地震津波、1960 年（昭和 35 年）のチリ地震津波を凌ぐ大きなもので、特に沿岸地域における人的、物的被害は甚大なものとなった。

　県内の人的被害は、死者 4,672 人、行方不明者 1,122 人、合計 5,794 人にも及んだ。

家屋被害は、全壊・半壊を併せて 26,077 棟にのぼり、そのほとんどが津波による被害となっている。

※死者数、行方不明者数、家屋倒壊数はいずれも平成 29 年 2 月 28 日現在のもの。

2、気候

広い面積をもつ県だけに、気候の違いが大きい。秋田県寄りの日本海側では、さほど冷え込まないが、半年近くも雪に閉ざされる豪雪地帯である。それに対し三陸海岸のうち陸前高田市や大船渡市は亜熱帯植物が茂り、寒中にツバキが咲く程暖かい。岩手の湘南の名もあるほどだ。ところが稲の開花期に、オホーツク海にある寒気団が衰えず、寒流の親潮の上を通って冷たい風が北東から吹きつける年がある。これが“やませ”で太平洋岸に異常低温をもたらし、稲が実らないため凶作となる。

一方北上川流域と北上山地は、積雪量は少ないが、冷えこみが厳しい。1 月の平均気温が秋田で-0.1℃の時、盛岡市で-1.9℃、北方の青森が-1.2℃という記録を見ても、岩手県内陸部の冷え込みの厳しさが感じられる。

また春から夏にかけて、フェーン現象が起こり、融雪洪水や大火に見舞われることが多い。

3、自然公園と動植物

岩手県の風土は寒冷で厳しいものがあるが、反面県全体が自然公園と言っても良いほど、美しい自然に恵まれている。

国立公園が三陸復興国立公園と十和田八幡平国立公園の 2 つ。国定公園が栗駒国定公園と早池峰国定公園の 2 ヵ所。そして花巻温泉郷・湯田温泉郷・久慈平庭・外山早坂高原・折爪馬仙峡・五葉山・室根高原と 7 つの県立自然公園が指定されている。

岩手県の動物で忘れられないのが「ニホンカモシカ」だ。奥羽山脈・北上山地に生息している。特に和賀岳と久慈市の遠島山周辺、盛岡市大志田地区などに多い。

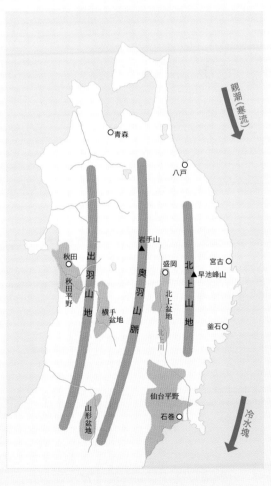

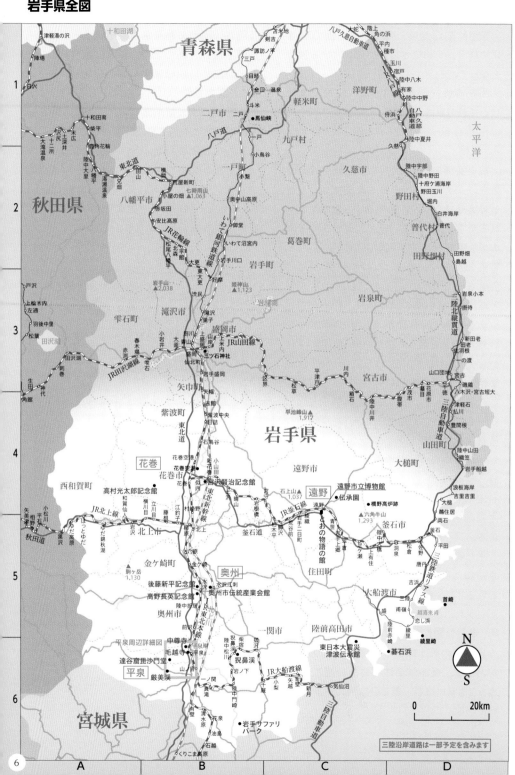

中尊寺境内図

0 200m

N / S

かんざん亭
白山神社
能楽殿
大長寿院
弁財天堂
阿弥陀堂
旧鐘楼
峯薬師堂
大日堂
釈迦堂
本堂
旧覆堂
経蔵
讃衡蔵
不動堂
本坊表門
地蔵堂
金色堂
薬師堂
東物見台
弁慶堂
月見坂
駐車場

平泉・奥州詳細図

0 2km

N / S

衣川

中尊寺
境内図
卍 中尊寺

平泉文化史館
高館義経堂 卍
卍 無量光院跡

金鶏山
98.6▲
平泉文化遺産センター

平泉町

毛越寺 卍
観自在王院跡
平泉 ◎ 平泉町役場

300
平泉

北上川

JR東北本線

東北自動車道

達谷窟毘沙門堂

31

4

山ノ目

厳美渓
一関市博物館

要津院 卍

一関市

配志和神社 ⊓
卍 円満寺

磐井川

240

342

一関IC

一関市役所 ◎

A | B | C | D

1 | 2 | 3 | 4

7

一関・平泉

一関の名は、古代の豪族安倍頼時が、中央政府に対抗するため置いた関に由来するといわれています。平泉への入口を固める交通の要衝であることは、昔も今も変わりません。

安倍氏が滅び、その後を継いだ清原氏も滅んだ後、みちのく平泉には奥州藤原氏がきらびやかな仏教文化を咲かせました。藤原清衡に始まり、基衡・秀衡と受け継がれて泰衡が源頼朝に攻められて倒されるまで約100年にわたってその支配は続きました。その間、中尊寺を始めとして、都の寺院をしのぐ規模と水準の高さを誇る寺院を次々と建立しました。

江戸時代を通じて一関・平泉は、仙台伊達氏の支配するところとなりました。伊達氏は中尊寺復興に努めましたが、芭蕉が訪れた時には夏草が茂り、兵どもの夢の跡と感慨を促す光景でした。

厳美渓 　地図P7A4

一関市厳美町滝ノ上地内
JR東北本線一ノ関駅から岩手県交通バスの一関・平泉地区（厳美渓線、瑞山線、須川温泉線）3路線（所要20分）で、厳美渓バス停下車すぐ

栗駒山に源を発する磐井川の中流に約2kmにわたって国の名勝天然記念物に指定された厳美渓がある。石英粗面岩の岩肌は急流に削られて無数の穴が開き、奇岩・怪石の間を縫って流れる川は、滝や瀬となって変化のある渓谷美を作り出している。吊り橋から眺める上流の荒々しい流れと下流のゆったりした淵が対象的だ。昭和2年（1927）に国の名勝及び天然記念物に指定された。春は桜やツツジに彩られ、夏は涼しく、秋には紅葉を愛でる人々が訪れる。

名物の「郭公だんご」は渓流をはさんだ対岸のお店からロープに下がる籠で、商品をやり取りする事で「空飛ぶだんご」として知られる。

猊鼻渓 　地図P6B6

一関市東山町長坂字町467
JR東北本線一ノ関駅からJR大船渡線で猊鼻渓駅（所要30分）下車、徒歩で5分

北上山地を流れる北上川の支流・砂鉄川に、2kmにわたって、壮夫岩・獅子ヵ鼻岩などの奇岩が見られる名勝猊鼻渓がある。約2kmの渓谷の一部を往復90分かけて舟下りを楽しむのも良い。見上げると両岸は30mから120mに及ぶという絶

壁が続く。清流と澄んだ大気が新緑や紅葉を一段ときわだたせる季節も印象深い。

　渓谷には鏡明岩から獅子ヶ鼻ら16の名称を付けられた岩や滝、洞窟などの見所が眼前に現れる。自然の造形の妙に優れ、大正14年（1925）10月に名勝に、名勝指定県内第一号に指定され、日本百景の一つに選ばれている。

達谷窟毘沙門堂　地図P7A3

西磐井郡平泉町平泉字北沢16
☎0191-46-4931
ＪＲ東北本線平泉駅からタクシーで10分

　平安時代初期、征夷大将軍坂上田村麻呂の軍と戦った悪路王の立て籠った岩屋。田村麻呂は、その後京の鞍馬寺の毘沙門天を勧請して寺に改めた。田村麻呂は窟に清水の舞台を模した九間四面の精舎を建て、百八体の毘沙門天を安置したが焼失を繰り返し、現在の懸崖造りの建物は昭和36年（1961）に再建したもの。窟の左の岩面に北限といわれる「岩面大佛」（磨崖仏）が刻まれる。高さ約16.5ｍ、肩幅約9.9ｍの大きな像で、前九年の役と後三年の役で亡くなった敵味方の霊を供養するために、源義家が彫りつけたと伝えら

れている。しかし、明治29年の地震等で胸から下が崩落してしまった。

平泉文化史館　地図P7C1

西磐井郡平泉町平泉坂下10-7
☎0191-46-2011
ＪＲ東北本線平泉駅から中尊寺経由平泉行き中尊寺バス停（所要5分）下車、徒歩15分。平泉前沢ICから、車で5分

　中尊寺と国道4号線を挟んで反対側にある。平泉研究の第一人者、故藤島亥治郎・東京大学名誉教授による全盛時代の中尊寺二階大堂・毛越寺・無量光院・観自在王院の復元模型が展示されており、往時の姿を偲ぶことができる。また中尊寺だけでなく岩手の歴史が分かりやすく展示されており興味深い。

復元設計・藤島亥治郎 東大名誉教授　平泉文化史館蔵

中尊寺 地図 P7C1

西磐井郡平泉町平泉字衣関202
☎0191-46-2211
JR東北本線平泉駅から、中尊寺経由平泉行き中尊寺バス停（所要5分）、参道入口から徒歩15分

　天台宗の名刹・中尊寺は、嘉祥3年(850)、比叡山延暦寺の慈覚大師円仁開基にはじまる。大規模な堂塔が造営されたのは、12世紀はじめ、藤原清衡によってである。

　奥州藤原氏四代の繁栄の基礎を固めた藤原清衡は、大治3年(1128)73歳で亡くなったという。当時としては長寿だったといえる。彼の前半生は長く続いた戦乱の中にあった。出羽・陸奥を巻き込んだ前九年の役・後三年の役が終わって平和が訪れたのは、清衡32歳の時であった。

　2つの大乱によって安倍氏・清原氏という豪族が滅び、彼らの遺領を受け継いだ清衡は、奥州の平和を守り、政権の安定に努めることを第一の責務と考えた。清衡の後半生はこの責務を全うすることに費やされた。

　平泉に拠点を移した清衡は、関山に寺院を建立し、麓の平坦地を整えて、その西に京都の法勝寺のような伽藍を建てる計画を進めた。関山は京都の街を見下ろす仏教の聖域比叡山と見なされたのだ。

　中尊寺伽藍の造営は、長治2年(1105)頃より開始され、釈迦堂、両界堂、そして2年後には大長寿院が建立された。藤原氏を滅ぼし、平泉に入った源頼朝が感嘆し、鎌倉に永福寺を建てる時のモデルとしたという二階大堂である。

　有名な金色堂が落成したのは、それから17年後(1124年)のこと。清衡は69歳になっていた。そして2年後には中尊寺大伽藍の落慶法要が行われた。実に21年の歳月をかけ、建立された堂塔は40余、僧房300余を数えたという。その後、平泉は二代基衡が毛越寺、三代秀衡が無量光院を造立して仏教文化が花開いた。京を遠く離れ、辺境の地と蔑視されてきた地に、京をしのぐ仏教文化を咲かせることができたのである。

　清衡の悲願の結晶である中尊寺は、しかし文治5年(1189)の奥州藤原氏の滅亡とともに衰退し、火災にも遭って、解体大修理が行われた金色堂のみが創建当初のままの姿を見せている。

　悲願を達成した清衡は落慶法要を営んだ2年後(1128年)に亡くなり、金色堂の須弥壇下に葬られた。堂内の壁・柱・組物はもとより、外側にまで金箔を押した皆金色の堂内には、今も金箔の張った棺の中に清衡・基衡・秀衡三代の亡骸と四代泰衡の首級が安置されている。

旧覆堂

金色堂内陣

新覆堂

各壇上には金色に輝く阿弥陀三尊像と二天・六地蔵像 11 躰が死後の平安を守るように安置されている。かつて基衡壇上の 1 躰が欠けていたが、近年補完された。

昭和 26 年（1951）指定の国宝建造物第 1 号の金色堂は、方三間の阿弥陀堂建築で内外を黒漆で塗り、その上に金箔で押したため、金色堂とよばれている。内部の長押、柱、須弥壇には金蒔絵、極彩色が施され、要所は宝相華文を透し彫りにした金具で装飾されている。

現在ではコンクリートの覆堂に包まれているが、創建当初は木立の中にさん然と輝いていたという。いつの頃からか覆堂が造られるようになり、経蔵の右手に立つ現存・旧覆堂は、金色堂建立の 165 年後、鎌倉幕府の手によって造られたものとされる。

平成 23 年（2011）「平泉―仏国土（浄土）を表す建築・庭園及び考古学的遺跡群―」が世界文化遺産に登録された。金色堂はじめ絵画、書跡、工芸、彫刻、考古、民俗の各分野にわたる 3,000 余点の国宝や重要文化財を伝える、東日本随一の平安仏教美術の宝庫である。

写真提供：中尊寺

平泉文化

奥州藤原氏のおこり

(1) 中央と蝦夷

　日本統一は西にはじまり、徐々に東へ及んでいった。阿部比羅夫が蝦夷を討ち、秋田地方を大和朝廷に服属させたのは、大化改新後10年余の7世紀半ばのことである。ついで日本海側には出羽国が置かれ、太平洋側に多賀城（宮城県多賀城市）が築かれて、聖武朝を迎える。

　この陸奥（現在の東北地方）からは金が産出され、聖武天皇の東大寺大仏造立に900両の金が届く。

天台寺　聖観音菩薩立像

　　すめろぎの御代栄えむと 東 なる
　　陸奥山に黄金花咲く
　　　　　　　　　　　　　　大伴家持
　　　　　　　　　　　　　　（万葉集）

　この黄金花咲く陸奥の征服を目指して、延暦21年（802）の坂上田村麻呂軍まで、18回に及ぶ遠征軍が派遣された。この間帰順（服従）したものは「俘囚」と呼ばれ、武将として征夷軍に加えられるものもあった。

　平安朝の勢力範囲は岩手県まで及んだが、奥州山峠を越えると俘囚長が首長として自由に裁量できる地が広がっていた。そこから、陸奥の安倍氏や出羽の清原氏と言った実力者が台頭してくるのである。

(2) 陸奥六郡と安倍氏の興亡

　安倍氏は恐らく10世紀末から11世紀のはじめ頃、奥六郡と呼ばれる胆沢・和賀・江刺・稗貫・紫波・岩手の郡司として勢力をふるった。前九年の役で源 義家に滅ぼされるまで、四代約200年もの間、安倍氏の支配は続くのである。

　安倍氏の支配地の北辺は、大和朝廷に属さない蝦夷に接している。この国境近くに建てられたのが天台寺だ。天台宗

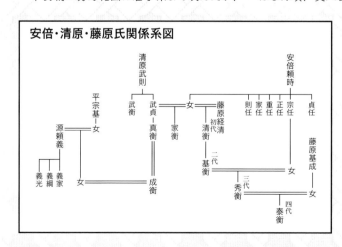

安倍・清原・藤原氏関係系図

の本山格の名を、比叡山延暦寺は、陸奥の黄金や馬などの贈物と引き換えに与えたのだろうか。堂々たる聖観音像をこの古い寺は今に伝えている。

また岩手県奥州市水沢の黒石寺に残る木造僧形座像、一関市山臥の永泉寺の観音像なども安倍氏時代に造られたとみられる。都と結びついた安倍氏の文化水準の高さがうかがえよう。

(3) 清原氏の登場

鳥海柵・厨川柵など12に及ぶ要塞を築いて陸奥六郡を支配した安倍氏の勢力を抑えるため、朝廷は源頼義を陸奥守として派遣。後述の「前九年の役・後三年の役」の項で詳述するように、前後12年に及ぶ長い戦争の末、安倍氏は康平5年（1062）滅びた。

この戦いで安倍氏を倒すのに力があったのは源頼義軍ではなく、援軍と赴いていた出羽の豪族清原氏であった。その結果恩賞も鎮守府将軍も清原氏に与えられ、清原氏は陸奥第一の豪族にのし上がった。

黒石寺

西暦	年表	事項
1051	永承6	前九年の役起こる
1056	天喜4	藤原清衡生まれる
1062	康平5	前九年の役終わる。安倍氏滅亡
1083	永保3	後三年の役起こる
1087	寛治元	後三年の役終わる。清原氏滅亡
1095	嘉保2	この頃、清衡ら平泉に移る
1105	長治2	中尊寺一山の建立始まる。この頃秀衡生まれる
1122	保安3	秀衡生まれる
1126	大治元	中尊寺金堂落慶供養行われる
1128	大治3	清衡死去。73歳
1155	久寿2	泰衡生まれる
1157	保元2	基衡死去と伝える。翌年説も
1170	嘉応2	秀衡、鎮守府将軍となる
1180	治承4	源頼朝、伊豆で挙兵
1187	文治3	源義経、平泉に潜居。秀衡死去
1189	文治5	泰衡に攻められ義経自刃
		源頼朝、奥州征伐に出発。9月3日泰衡殺され、奥州藤原氏滅亡

しかし清原氏の支配も長くは続かず、20年余の歳月がたち、一族の内紛が生じた。後三年の役と呼ばれる清原氏三兄弟の争いに源義家が加わったこの戦争も終わってみれば、清衡一人が奥羽の政権を握る結果となった。清衡は実父の姓である藤原氏を名乗り以後四代100年に及ぶ奥州藤原氏全盛時代の基礎を築いたのである。

藤原清衡とはどのような出自を持つ人であろうか。

清衡は藤原経清を父に、安倍頼時の娘を母に天喜4年（1056）に生まれた。前九年の役で安倍氏に味方した経清は敗れて斬首となり、清衡は母とともに敵方清原武則に引き取られて育つ。母は武則の嫡子武貞の妻となり、

家衡を生んだ。既に武貞には先妻の子真衡があり、兄弟間に紛争が生じるスキ間があったといえる。

清衡は清原氏の下で育ったが、京都の貴族藤原秀郷（平将門の乱を鎮圧した人として有名）の子孫であり、東北の勇者安倍氏の血も受け継いでいたのである。

平泉文化の特徴

(1) 平泉文化に先行する文化

平泉に高い水準の仏教文化が花開く以前、東北特有の仏教文化が存在した。前述した天台寺の諸仏をみても、完成度の高い聖観音立像、顔容も衣紋も珍しい如来像などユニークな仏像が多い。

天台寺を除くと、東楽寺成島毘沙門堂、立花毘沙門堂、藤原毘沙門堂、黒石寺、極楽寺など北上川の東岸に点々とこの地域独特の仏像を有する寺がある。ここには中尊寺の仏像には見られない荒々しいが迫力のある仏たちが存在する。

しかし、平泉文化がこれら東北に存在した仏たちの伝統をとらず、都の文化を移入したのはなぜだろう。

(2) 平泉文化の特徴

後三年の役で清原氏が滅び、陸奥・出羽を領した清衡は、5年後の寛治5年（1091）京に上った。清衡は京の文化、特に仏教寺院の立派さを胸に刻んだ。

清衡は源義家や摂関家へ金や馬を献上し、朝廷工作を進めた。清衡の計画の第一は朝廷を刺激せずに平泉へ本拠を移すことであり、さらには平泉に寺院を中心とした都市を築くことにあった。中尊寺に伝わる「中尊寺建立供養願文」は彼の意志を最も強く表しているといわれる。

出来上がった建物や仏像は地方色の少ない京都的な様式や技法を見せている。中尊寺の金堂は、東北地方の風土に合わないとされる檜皮葺をあえて採用した。平泉文化が京都的なものへの志向が強いことを忘れてはならない。

(3) 平泉の黄金文化

清衡は仏教を基盤とした都市造りに着手し、中尊寺落慶法要の2年後に73歳の生涯を終えた。清衡の構想は後を継いだ基衡に受けつがれ、その子秀衡の時に完成させることができた。秀衡は鎮守府軍、さらには陸奥守に任ぜられ、平泉は藤原氏の居館ではなく、政府としての役割を果たすようになった。中尊寺・毛越寺・無量光院といった見事な寺院が次々と建てられ、仏都としても三代かかって他に例を見ない壮麗でレベルの高いものに完成させたのだった。

藤原三代の文化遺産

(1) 清衡と中尊寺

源頼朝が平泉を平定した時、21年を費やして建立されたという中尊寺は、寺塔40余、僧坊300余の奥羽屈指の大寺院であった。中でも人を驚かせたのは、高さ15mの二階堂大長寿院と金色堂だろう。大長寿院には三丈（約9m）の本尊阿弥陀像、丈六（約4.8m）の9体の脇士が安置してあったようだ。

金色堂は金箔を張りつめた堂内に絢爛たる細工を施し、定朝様式の阿弥陀坐像をはじめとして、京風の仏たちがズラリと並んでいる。京都にも例のない際立った特徴は、内陣中央に清衡、基衡、秀衡の三代の遺体を安置した須弥壇を置く葬堂として建てられていることだろう。

旧観自在王院庭園

金色堂の後方にある経蔵は、金色堂より2年早い保安3年（1122）に建てられたことが分かっている。創建当初は二階建て瓦葺であったが、上層部は後に焼失し、単層宝形造に改められている。

金色堂前の広場は三重の池と呼ばれる池の跡で、発掘調査の結果、遺構が確認されている。その正面一段高くなったところに大金堂の跡がある。

金色堂から東へ道を下ってくると、中尊寺に残る宝物を納めた讃衡蔵がある。昭和の建物だが、三代の遺体を納めた柩内の副葬品や秀衡の持仏等や、厳島神社の平家納経と並ぶ装飾経とされる紺紙金銀字交書一切経を納めている。また、砂金10万5,000両（4,410kg）で宋から購入したという宋版一切経も残り、藤原氏が写経のお手本として、大変高価なお経を輸入できる財力を持っていた事がうかがえる。

（2）基衡と毛越寺

清衡の死後、後を継いだのは基衡であるが、この間の相続は円滑に運ばず、嫡宗権を巡って兄弟間に争いがあった。この時毛越寺にあった伽藍の一つ円隆寺が焼けたようだ。基衡はこれを再建するのに莫大な財力を費やした。本尊の丈六薬師如来を造るのに仏師雲慶は3年間かかり、基衡は金百両、絹千疋、白布三千端、駿馬五十頭などを支払っている。

基衡の妻（安倍宗任の娘）も毛越寺の東側に安倍一族の菩提を弔うため観自在王院を建てた。毛越寺・観自在王院の復元模型（県立博物館所蔵）と、復元された池や礎石が今も昔の姿を偲ばせてくれる。

（3）秀衡と無量光院

秀衡は基衡の代に未完成で残った毛越寺に嘉勝寺を造営し、さらに宇治の平等院を模して無量光院を建立した。本堂の前に池を作り、寝殿造の建物を配置した。その広さは、本堂の規模とともに平等院をしのぐスケールを持っていたといわれる。

院跡は現在ほとんど水田として利用され、残っているのは礎石、土壇と池の跡のみにすぎない

無量光院跡

源義経公像

毛越寺　地図P7C2

西磐井郡平泉町平泉字大沢58
☎0191-46-2331
JR東北本線平泉駅から徒歩で7分

　JR平泉駅の西に毛越寺がある。といっても創建当初の堂塔40、僧房500の建物が立ち並び、「荘厳吾朝無双なり」と『吾妻鏡』に記された往時の建物は残らない。ただ、修復整備され、平安時代の極楽浄土を現世に再現したという浄土庭園を今に伝えている大泉ヶ池を中心とした庭と、建物跡を示す礎石のみが名残りを伝えている。境内が特別史跡と特別名称の二重指定を受けている。

　毛越寺の歴史をたどると、中尊寺と同様に、慈覚大師が開いた嘉祥寺に始まるという。その後堀川天皇の勅命により、藤原2代基衡が円隆寺等の主要伽藍を建立、3代秀衡が未完成だった嘉祥寺を円隆寺の左手に建て中尊寺をしのぐ規模の寺として完成させた。池のほとりには「夏草や兵共が夢の跡」の碑が立つ。

高館義経堂　地図P7D1

西磐井郡平泉町柳御所14
☎0191-46-3300
JR東北本線平泉駅から徒歩で15分

　源義経が鞍馬山を出て、藤原秀衡を頼っ

て平泉に来たのは承安4年(1174)のこと。やがて兄頼朝の挙兵に応じて平泉を出、7年後その頼朝に追われて平泉に逃げ帰ることになったのだが、保護者秀衡が没して義経の運命は暗転してしまった。

　文治5年(1189)閏4月30日、源頼朝の圧迫に耐えかねた秀衡の子・泰衡の急襲に遭い、妻子とともに自害したと伝えられている。義経の悲劇的な最後の地となった判官館は、高館山にあったという。現在山頂には天和3年(1683)、仙台藩主第四代伊達綱村が建てた義経堂が立ち、

写真提供：岩手サファリパーク

中に義経像（木造）を祀っている。現在の義経堂および高館は、毛越寺の飛び地境内となっている。

平泉文化遺産センター 地図P7D1

西磐井郡平泉町平泉字花立44
☎0191-46-4012
JR東北本線平泉駅から岩手県交通バス（所要10分）で平泉文化遺産センター停下車、すぐ

　町内観光のビジターセンターとして、平泉から出土した遺跡物の数々を展示。奥州藤原氏の歴史年表とともに当時の世界へ思いを馳せる場所。藤原氏を中心として、安倍氏の時代から現代にまで続く平泉に関連する歴史を時系列に分かりやすく説明している。また「よみがえる平泉の時空」として町を掘る、読む、歩くという内容で、地形模型で映像や音声を交えて立体的に紹介。町内から出土した遺物も展示することにより、歴史を裏付ける資料として確認できる。レファレンスでは、平泉に関連する歴史や発掘調査資料、また、歴史全般や世界遺産にかかわる資料を閲覧できる。

岩手サファリパーク 地図P6B6

一関市藤沢町黄海字山谷121-2
☎0191-63-5660
一ノ関ICから車で45分。JR東北本線花泉駅からタクシーで20分。

　天空のサバンナと謳う、広大な草原に多くの動物が暮らす岩手サファリパーク。草食動物放し飼いエリアでは、動物達の生態や行動、群れをサファリバスの中から見ながら、次々に寄ってくる動物たち、キリンやシマウマなどメジャーな動物から、ブラックバックやヒマラヤタールなどの動物の餌やり体験ができる。ラオスからやってきたゾウの背中に乗れるゾウの村もある。肉食動物放し飼いエリアでは、百獣の王ライオンをはじめ、トラやチーターなど肉食獣の迫力が確かめられる。併設のどうぶつランドではフラミンゴショーやサルのふれあい、ペンギン、カピバラを見学できる。

17

奥州 おうしゅう

北上平野の真ん中に位置する奥州市。奥州街道が通り、北上川の船運も盛んで、水陸両方の便の良さで早くから開けてきました。

奥州水沢には胆沢城（いさわ）が築かれ、東北地方支配の拠点となりました。近世には伊達氏の領地となり、水沢城に留守氏を入れて支配させてきました。幕末の奥州水沢には三秀才と呼ばれた後藤新平、斎藤実、山崎為徳（ためのり）が生まれています。彼らの少し前には蘭学者で医者でもあった高野長英（ちょうえい）が奥州水沢に生まれています。

高野長英記念館（たかのちょうえい）　地図 P6B5

奥州市水沢中上野町1番9号
☎0197-23-6034
JR東北本線水沢駅から徒歩10分

生家は市内大畑小路に保存されているが、彼の業績を知るには水沢公園内にあり、100本を超える桜が咲き乱れる公園の一角に建つ高野長英記念館を訪ねるとよい。わが国最初の生理学書「医原枢要（いげんすうよう）」や「泰西地震説（たいせいじしんせつ）」「二物考（にぶつこう）」などの著述ある彼の偉業を顕彰する記念館として、昭和46年（1971）に設立され、長英の書簡・著書・翻訳書等々約200点が展示されている。

文化元年（1804）、日本の夜明けをリードした蘭学者高野長英は仙台藩水沢留守家16,000石の家臣後藤実慶（さねのぶ）の三男として生まれる。9歳で父を亡くし母親の実家にもどり、伯父高野玄斎（たかののげんさい）の養子となる。養父も祖父も医者である高野家での生活が、少年長英に蘭方医学への興味をいだかせた。数え年17歳のとき、水沢を離れ江戸に旅立つ。さらに彼は、長崎のシーボルトの鳴滝塾（なるたきじゅく）に入り、医学・蘭学を学んだ。

鎖国政策の中、対外国への現実的提言「夢物語」を書くが、幕政批判と取られ投獄されたが、後に脱獄、ついには江戸で役人に追われ自害した。潜行中も著作翻訳を続け多方面に影響を与えた長英は、西洋の実証主義的な学問研究を活かすことなく歴史のうねりの中に散った。

奥州市伝統産業会館　地図 P6B5

奥州市水沢羽田町駅前1-109
☎0197-23-3333
JR東北本線水沢駅から徒歩3分

奥州水沢といえば南部鉄の名で全国に知られる鉄器の産地。

多くの工場がある水沢羽田町が鋳物業の中心で、キューポラの館と呼ばれる奥州市伝統産業会館は、昭和61年（1986）、伝統産業である南部鉄器を紹介するために

大谷翔平選手の握手像

設立された。城のような建物の中に入ると、高さ４mの溶解炉（こしき）の模型が人目を惹く。鉄器職人は、溶解炉（キューポラ）の炎の色で鉄の溶け具合を確認するという。館内では、南部鉄器発祥の地の歴史を伝える名品の数々が展示されているほか、鉄器づくりの工程を紹介。さらに、実際に使用されていた道具類が並び、鉄器工房が再現されるなど、複雑な工程を持つ鉄器づくりを詳しく理解することができる。

平成29年（2017）4月6日、奥州市水沢区出身の北海道日本ハムの大谷翔平選手（現大リーガー）の握手像が、南部鉄器の技術を用いて作られ設置された。

後藤新平記念館　地図 P6B5

奥州市水沢大手町4丁目1番地
☎0197-25-7870
JR東北本線水沢駅から徒歩15分

後藤新平は、「日清戦争帰還兵検疫事業」（帰還兵23万人への世界史上最大規模の検疫事業）をした。

後藤新平の生涯について展示されている記念館。また、肉声を聞くことができるなど、視覚だけでなく、聴覚を通しても後藤の人となりを知ることができる。常設展では後藤の生い立ちから晩年まで時系列で展示されている。多くの文書や写真、著訳書などである。仙台藩支藩である水沢城主の中級武士の子であり生活は貧しかったが、胆沢県庁に勤めた。そこで、安場保和や岡田俊三郎（後の阿川光裕）に才覚を見いだされて実力を発揮していった後藤は、須賀川医学校で学び、愛知県の医師に始まり、台湾民政長官、貴族院議員、南満州鉄道株式会社総裁、逓信大臣、鉄道院総裁、内務大臣、外務大臣、東京府東京市長、帝都復興院総裁など、様々な経歴を持ち、偉業を成し遂げた。

「大風呂敷」との異名をとった、ダイナミックでエネルギッシュな生きざまが資料を通して伝わり、苦境の中で生きる活力をチャージできるスポットである。記念館を背にした場所に後藤伯記念公民館という市民憩いの場がある。その入り口には後藤と読売新聞創設者である正力松太郎二体の銅像が立っている。

花巻
（はなまき）

名もゆかしい花巻市は、盛岡と一関からほぼ等距離にあります。ＪＲ東北本線に加えて東北新幹線も利用でき、また花巻には空港もあって、東北がとても近くなりました。東北自動車道も花巻市近くを通っています。

市内は稗貫氏の築いた鳥谷ヶ崎城を中心として発展してきました。江戸時代には南部氏が家臣を入れて花巻城と改め城を整備し、以後和賀・稗貫2万石の城下町として明治に至っています。市役所や鳥谷ヶ崎公園などのある辺りに花巻城がありました。現在の本丸跡は公園になっており、遊歩道が一周まわって、春には桜、秋には紅葉と市民の憩いの場となっています。

花巻といえば宮沢賢治を生み、高村光太郎も住んだ文学の香り高い地として知られています。自然の美しい花巻温泉や、賢治の世界を訪ねる旅は思い出深いものとなるでしょう。

宮沢賢治記念館　　地図 P6B4

花巻市矢沢1-1-36
☎0198-31-2319
JR東北新幹線新花巻駅から車で3分。JR東北本線花巻駅から車で15分。同新花巻駅から土沢線イトーヨーカドー行バス宮沢賢治記念館口（所要3分）下車、上り坂を徒歩15分。同花巻駅から土沢線土沢行バス宮沢賢治記念館口（所要17分）下車、上り坂を徒歩15分

ＪＲ東北新幹線新花巻駅に降り立つと駅前広場に立つ「セロ弾きのゴーシュ記念碑」が迎えてくれる。花巻は宮沢賢治が生涯を過ごした街だ。

「雨ニモマケズ　風ニモマケズ」と始まる文章を自らの手帳に書き付けた宮沢賢治。没後にその手帳が発見され、昭和9年（1934）「岩手日報」に掲載。誰もが一度は聞いた事のある言葉が世の中に広まる瞬間だった。昭和57年（1982）にゆかりの地、花巻市胡四王山に開館した記念館は、さらに、平成27年（2015）4月25日、展示リニューアルオープン。多彩なジャンルに及ぶ宮沢賢治の世界との出会いの施設だ。スクリーン映像や関係資料を各分野に分類し、解説と作品に至る創作過程、最新の研究成果などを展示紹介して、賢治の全てが分かるよう工夫されている。

すぐそばには、宮沢賢治と作品を愛する人たちにより発表された賢治に関する様々なジャンルの芸術作品、研究論文を数多く収集した文学館・**宮沢賢治イーハトーブ館**（花巻市高松 1-1-1）がある。

宮沢賢治

宮沢賢治のプロフィール

（1）生まれ育った環境

　明治 29 年（1896）8 月 27 日、宮沢賢治は母イチの実家（現在の花巻市鍛治町 115 番地）で生まれた。父宮沢政次郎は現在の花巻市豊沢町 4 丁目 11 番地で質・古着商を営んでいた。母方の実家も大きな荒物商で、賢治は幼い頃より富を殖やしていく商人のやり方に心を暗くしていたという。

　賢治には 3 人の妹と 1 人の弟があった。両親は賢治を大切にするあまり、行儀が悪くなるからといって友達と遊ぶことを許さず、庭で一人で遊ぶことが多かったという。5 歳の時、赤痢にかかり、隔離病棟に入院。看病にあたった父も感染してしまうという出来事もあった。

宮沢賢治

　宮沢家は賢治の生まれる 200 年以上も前に、京都より花巻に移ってきたことが知られるが、その時からずっと熱心な浄土真宗の信仰が受け継がれてきた。父政次郎は若い頃から浄土真宗の研修会を組織し、著名な講師を招いて合宿講習会を開くという積極的な宗教活動を展開している。賢治は 3 ～ 4 歳の頃、蓮如上人の御文章を暗誦したというエピソードもあって、その宗教的資質や感受性は、彼を取り巻く環境の中で育まれたことがうかがえる

（2）文学へのめざめ

　花巻町立花城尋常高等小学校（入学時は花巻川口尋常小学校といった）を全学年全甲（最優）で通し、明治 42 年（1909）3 月卒業。県立盛岡中学校に進み、寮生活を経験する。

　親元を離れた解放感も手伝ってか、岩手山やその山麓を歩いては、植物・鉱物採集や詩作に耽った。中学 2 年の後半頃から、短歌の制作が始まったとみられる。学業よりも文学や哲学、仏教関係の書物が彼を魅了したようだ。中学 4 年 3 学期には寄宿

舎の舎監排斥運動が起こり、賢治を含む4年5年全員が退寮させられるという事態に発展した。

大正3年（1914）、盛岡中学を卒業し、4月には岩手病院に入院して鼻炎の手術を受けた。手術後も高熱が続き、チフスの疑いも出て5月末まで入院生活が続いた。この間、看護婦への恋、嫌いな家業を継ぐことへの悩み、肉体的不調などを経験する中で、後に詩や童話に結実する様々な主題を得たといわれる。

そんな彼の悩みは、父からの進学許可、及び「法華経」との出会いによって救われた。盛岡市北山の教浄寺に下宿して受験勉強に励んだ結果、大正4年4月、盛岡高等農林学校（現岩手大学農学部）農学科第2部に首席で入学した。

彼は高等農林で関豊太郎教授と出会う。教授は賢治に地質・土壌について教える一方、土性調査に加えた。3年後、得業証書を得て一区切りがついた賢治を研究生として学校に残し、研究生終了後助教授に推薦されたが、賢治は辞退して受けなかった。

東北の農業を救うための地質と肥料の研究という賢治のライフワークは、こうして基礎が作られていったが、高等農林時代に彼は短歌を次々に発表。また「蜘蛛となめくじと狸」「双子の星」など童話の制作も始まった。制作発表意欲を満たすため同人誌「アザリア」を創刊。大正6年（1917）7月から1年間に6号を出しており、賢治は短歌や短編を掲載している。

在学中も法華経への傾倒をいよいよ強め、大正9年には田中智學が創始した国柱会という日蓮宗の団体へ正式に加入。父や友人に日蓮宗への入信を勧誘したり、経典の輪読会や寒修行を行うなど、積極的な活動を展開するに至った。特に浄土真宗に帰依する父との法論の激しさは、間に立つ母の心を悩ませたという。

（3）上京そして再び花巻へ

大正10年（1921）1月23日、店番をしていた賢治の上に、棚から日蓮遺文書2冊が落ちてきた。賢治には決意を促す啓示のように思われ、そのまま夜汽車に乗って翌朝上野駅に着いた。その足で国柱会本部へ行き、本郷菊坂町に下宿して布教活動に参加。8月中旬妹トシの病気を知らせる電報を受けとり、花巻に戻るまでの間、文芸によって法華の教えを広める決意でおびただしい量の作品を書いた。月3000枚を書いたといい、多くの賢治童話の第一稿が、在京期間中に書かれたといわれている。そのうち「雪渡り」が『愛国婦人』12月号と翌1月号に分載された。

花巻に戻った賢治は、12月に稗貫農学校（現在の花巻農業高校）の教諭となった。代数・英語・化学・農学などを教える熱心な教師だったという。

（4）羅須地人協会設立

大正11年（1922）という年は、「春と修羅」「小岩井農場」などの意欲作が次々に生まれた年だが、最愛の妹トシを病気で失うという悲痛なできごとにも見舞われた。

大正15年（1926）3月には農学校を退職、花巻町下根子桜（現・花巻市桜町）の別宅を改造して、自炊生活に入った。賢治の農村建設活動の拠点となる羅須地人協会では、農学校での教え子らが集まってレコードを聞いたり、器楽の練習をしたり、稲作法やエスペラント・農民芸術などを講じたりした。大正15年から昭和2年（1927）にかけての1年ほどの間に2,000枚もの肥料設計図を書いたといい、付近の村に設けた肥料相談所も大変な好評で、賢治は忙しく働いたのだろう。

昭和3年（1928）の夏は旱魃や病虫害の発生で賢治は村々を奔走。疲労のため肺浸潤を起こし病臥、12月にも急性肺炎を起こし、昭和6年になってやっと健康を取り戻したかに見えた。しかし精力的に働き、創作に励むと病が出るといった状態が続き、昭和8年（1933）9月21日、喀血し不帰の人となった。前夜、肥料の相談に訪れた農民に正座して応対したという。享年僅かに37歳。

賢治の作品
(1) 童話

賢治は37歳という短い生涯を終えるまで、童話を考え続けた人である。もっとも初期の作品「蜘蛛となめくじと狸」「双子の星」で22歳の時、弟妹に聞かせている。25歳の時、『愛国婦人』に「雪渡り」を掲載、生前稿料を得た唯一の作品という。

初期の童話9編を集めた「注文の多い料理店」は28歳の時に刊行された。生前出版されたのはこの本と詩集「春と修羅」だけだが、「春と修羅」は自費出版したもの。「注文の多い料理店」は印税の代わりに刊行部数1000部の1割を買い上げられた。売れ行きは芳しくなかったが、草野心平ら一部の人には新鮮な感動をもって迎えられた。

他の多くの童話は季刊『児童文学』などの雑誌に掲載されたり、原稿の状態で残されていた。これら生前発表されることの無かった作品も10冊以上の全集に収められるなどして、今日では幅広い層に読まれている。賢治の童話は深い人間性に根ざした文学的香り高いもので、音楽的で色彩感覚の素晴らしい特有の表現は、読む人をひきつけて離さない。

賢治の作品の特徴は、動植物や無生物が多く登場することだろう。狐・猫・蛙・梟・鼠などが人間と会話したり（「セロ弾きのゴーシュ」「なめとこ山の熊」など）、動植物だけで話が展開したり（「よだかの星」「猫の事務所」など）という違いはあるが、人気の高い「注文の多い料理店」を

花巻市大迫交流活性化センター内
（猫の事務所のモデルとなった旧稗貫郡役所を復元している）

少し詳しく見てみよう。

　すっかりイギリスの兵隊のかたちをした2人の若い紳士が、山奥へ猟（りょう）に来て、獲物（え）（もの）もなく寒さと空腹にふるえている。そこで一軒の西洋料理店を見つけて入っていくと、次々と注文が出されてくる。注文といえばお客が料理店に対して出すものだが、ここでは店主（実は2匹の山猫）が客を食べてしまうための準備として出されていたことに気付く。しかし既に遅くもう逃げ出せない。顔はこわさのあまり紙屑（かみくず）のようになり、泣きに泣いていると、猟の途中で死んだはずの猟犬が山猫を追い払い、2人を救出するのだった。"東京へ帰っても、お湯に入っても恐怖で紙屑のようになった顔はもう元のとおりになおりませんでした"と結ばれる。

　獣や鳥を平気でとって楽しみとするピカピカの鉄砲を担いだ2人は、逆に食われそうになってしまうのにも気付かず、自分が料理を食べることばかりに気を奪われているおかしさ。飼っている自分の犬が死んだ時も、2400円の損害だとしか感じられない紳士たちは、その犬に命を救われるというアイロニー（皮肉）が大変面白い。「なめとこ山の熊」は風刺やユーモアが影をひそめ、より宗教的だ。進んでクマに殺された小十郎を取り囲んで、満天の星の下に祈りを捧げるクマの姿が印象深い。

(2) 詩

　第1詩集「春と修羅」を賢治は詩集と呼ばず、心象（しんしょう）スケッチと副題をつけている。この詩集こそ彼の文学的出発点だったわけで、自我のとらえ方（じ）（が）、ものの考え方が明確に述べられている。

　「春と修羅」の春は、豊かで満ち足りた世界、仏教でいう涅槃（ねはん）―永遠の安息（あんそく）―を意味する。それに対し様々な闘争の絶えない修羅の世界に生きる賢治は、業（ごう）（煩悩）（ぼんのう）を背負って生きる青暗い修羅なのだ。

　　いかりのにがさまた青さ／四月の気層のひかりの底を／唾（つ）（ば）し／はぎしりゆききする／おれはひとりの修羅なのだ

　詩集の表題となった「春と修羅」という詩の一説にこのように歌っている。賢治の名を一躍（いちやく）有名にした「雨ニモマケズ」ではじまる詩は、昭和6年11月病床に伏した身で手帳に書きつけたもので、彼の死後発見された。

慾ハナク／決シテ瞋ラズ／イツモ
シヅカニワラッテキル…（略）サウ
イフモノニ／ワタシハナリタイ

と自戒をこめて切々と歌っている。

（3）短歌、俳句

盛岡中学時代に 1,000 首を超え
る短歌を作り、文学への目覚めをま
ず短歌として表現した。中学 2 年と
いう最も多感な時期に、郷土の先
輩石川啄木の詩集「一握の砂」が出、
前年には雑誌『スバル』や北原白
秋の詩集「邪宗門」が刊行された。
中でも石川啄木の影響は大きく、賢治の短
歌こそ、啄木の短歌革命の正統な後継者で
あり、発展させた人とする説も多い。

賢治は 15 歳頃から短歌を作り始め、大
正 9 年（1920）24 歳まで続いた。日記を
残さなかった代わりに短歌を書いたといい、
おびただしい作品が作られたはずだが、死
後遺稿の中に手づくりの歌集一冊が残され
たにすぎない。820 余首の歌が原稿用紙
に書かれていたが、生前歌集を発表する意
思がなかったため、「発表を要さず」と書き
込まれていたという。歌集の中には賢治の
初恋を思わせる歌も含まれているので、紹
介しておこう。

桑つみて／君を思へば／エナメルの／雲
はてしなく／北に流れる

きみ恋ひし／くもくらき日を／あひつぎて
／道化祭の山車は行きたり

「雨ニモマケズ」詩碑（羅須地人協会跡地）

仕事について悩み、恋に悩み、人生に
悩む若き賢治の姿が浮かんでくる歌が多い。
のちには静かに透明な心境を表わす歌に代
わっていく。

短歌のほかに俳句も作ったが、作品と
して残っているのはわずか 20 句しかな
い。賢治が俳句に親しんだのは、昭和 7 年
（1932）、死の迫る病床で、菊の会へ賞と
して出す短冊に書いたものの下書きだった。
20 句すべて菊に関するものばかりである。

狼星をうかがふ菊の夜更かな

たそがれてなまめく菊のけはひかな

賢治は以上述べたような文学に限らず音
楽にも造詣が深く、絵画や演劇・舞踊にも
愛着が強い。文学作品にこれらの素養が織
り込まれているのも賢治文学の共通した特
徴といえるだろう。

高村光太郎記念館・高村山荘 地図 P6B4

記念館は、花巻市太田3-85-1
☎0198-28-3012
JR東北新幹線新花巻駅から車で30分、JR東北本線花巻駅から車で20分

太田の山口山の南麓に、高村光太郎が昭和20年（1945）から7年間を過ごした山荘が保存されている。焦土と化した東京より太田村山口（花巻市）に疎開し、冬には雪が吹き込むあばら屋で思索の生活を送ったのが高村山荘だ。光太郎を敬慕する村人たちが一本一本持ち寄った木で建てられた套屋に囲まれた山荘は、「三畳あれば寝られますね」と歌ったように25㎡しかない。カモシカも来るし熊も出る、三丁四方に人気の無いという一軒家に、62歳になってから独居したという。光太郎の精神の比類ない強さは、この山荘に来てみるとよく分かる。恐らく光太郎は常に妻智恵子に語り掛け、智恵子と共にいることを実感していたのだろう。山荘の背後の丘を約300m登ったところに智恵子展望台と名付けられた見晴らしのよいところがある。

山荘から50mほど離れた木立の中に、昭和41年（1966）高村記念館が竣工した。白壁を巡らせた高床式平屋建ての建物で、

現在、倉庫として利用されている。平成27年（2015）5月、旧資料庫を含めた建物全体を大幅にリニューアルし、新たに「高村光太郎記念館」としてオープン。展示室1では光太郎の代表作、「手」、十和田湖「乙女の像」の中型試作像等の彫刻を展示。展示室2では光太郎の「大地麗」の書、妻智恵子の『紙絵』他、花巻での山居七年で遺された様々な資料約110点を展示している。

山荘の近くのハンノキの林の中に「雪白く積めり」の詩碑が建てられており、昭和33年から毎年5月15日には、その前の広場で高村祭が行われている。光太郎が宮沢賢治の縁で昭和20年5月15日に花巻に疎開してきた日にちなんだものだ。

光太郎の軌跡

光太郎は木彫師高村幸吉（後の光雲）の長男として、明治16年（1883）東京の下町に生まれた。父の跡を継ぐため、東京美術学校彫刻科に進んだが、文学への傾倒も深く、与謝野鉄幹の東京新詩社に加わって、『明星』に短歌が載ったこともある。

20歳の時、初めて接したロダンの作品に激しい感銘を受け、彼の一生を方向付けることとなった。23歳で渡米を決意、翌年ニューヨークに渡る。その後ロンドン、パリ、イタリアと移り、その間バーナード・リーチや荻原守衛らと親交。中でもフランスでヴェルレーヌやボードレーヌらの詩人に強く影響を受け、帰国後詩を書き始めた。「道程」「智恵子抄」「典型」などの優れた詩集はこうして生まれたのだった。これら詩集は、教科書にも多く作品が掲載されており、日本文学史上、近現代を代表する詩人として位置づけられる。

28歳ではじめて長沼智恵子を知り、3年後に結婚。智恵子が精神を病み、ついには結核で不帰の人となるまでの約27年間、折々に書き留められた詩は、「智恵子抄」としてまとめられ、第二次大戦中も広く深く読み継がれていった。

昭和20年（1945）、第二次大戦の空襲を受けて東京のアトリエが焼けると、宮沢賢治の弟清六の招きで花巻に疎開。宮沢家も戦災に遭い、転々とした後、花巻郊外田村山口の鉱山小屋に移った。62歳の光太郎にとって雪深い山奥の三畳一間の生活は、辛く寂しいものだったと思われる。しかし亡き智恵子が彼の心に寄り添ってい

た。「典型」「智恵子抄その後」などに収められた詩は、この山荘で書かれている。その間肺結核は進行し、7年山荘に居て東京に戻り、3年後には死去したのだった。十和田湖畔には、光太郎晩年の作「乙女像」が立っている

西暦（年号）	年齢	事項
1883（明治16）	0	東京都下谷区西町3に生まれる
1897（明治30）	14	東京美術予科に入学
1900（明治33）	17	与謝野鉄幹の「東京新詩社」入社。この頃から彫塑作品を発表
1906（明治39）	23	アメリカに渡る
1914（大正3）	31	最初の詩集「道程」を自費出版長沼智恵子と結婚
1938（昭和13）	55	智恵子死去
1941（昭和16）	58	「智恵子抄」刊行
1945（昭和20）	62	東京駒込のアトリエ戦災に遭い、花巻の宮沢清六方に疎開。10月太田村山口の山小屋に移る
1950（昭和25）	67	詩集「典型」「智恵子抄その後」刊行
1953（昭和28）	70	十和田湖畔の裸婦像除幕される
1956（昭和31）	73	東京中野にて死去

遠野

遠野は北上山地の中の盆地に開けた街です。北には標高1917mの早池峰山がそびえ、東には六角牛山、北西方面には石上山と遠野三山が市を抱くようにとり囲んでいます。

12世紀後半、源頼朝軍に従って奥州を攻めた時の軍功によって、阿曽沼氏が遠野12郷の領主となって以来、約440年間阿曽沼氏の支配が続いたのです。現在鍋倉公園となっているところに、天正年間（1573～93）阿曽沼氏が築いた城がありましたが、阿曽沼氏滅亡後は、南部氏1万2500石の居城となり、幕末を迎えています。

江戸から明治時代までは、内陸と海岸を結んで物資や人の往来が盛んに行われ、また遠野の馬市は全国から人が集まって賑わったといいます。民俗学発祥の地の栄誉を担う遠野には、遠い昔から人々が運び伝えた日本人の心が残っているような気がします。

遠野市立博物館　地図P6C4

遠野市東館町3-9
☎0198-62-2340
JR釜石線遠野駅から徒歩約9分

遠野駅を出るとまず眼に入るのが駅前広場にある遠野物語の碑。柳田國男の「遠野物語」の出版65年を記念して、初版序文の一節を刻んだ碑が昭和45年（1970）に建てられた。「遠野物語」にひかれて遠野を訪れた人には、まず市立博物館を訪れることを勧めたい。昭和55年（1980）に開館した日本で初めての民俗専門の博物館で、平成22年（2010）に『遠野物語』発刊100周年および開館30周年を迎えたことをきっかけに全面リニューアルを行った。駅の南、鍋倉公園入口にある博物館は、第1展示室「遠野物語の世界」、第2展示室「遠野 人・風土・文化」、企画展示用の第3展示室は通常は「『遠野物語』と現在」として紹介している。

「遠野物語の世界」展示では、マルチスクリーンシアターで、『遠野物語』や民話を題材にした映像や、アニメーション「水木しげるの遠野物語」などが、「遠野 人・風土・文化」展示では、町・里・山という3つの暮らしやその独自の文化を、実物資料や写真・映像を通して見学する事ができる。「『遠野物語』と現在」展示では、遠野アーカイブスとして、100本以上の昔話や民俗芸能、伝統技術などの映像を選択して見られる。そして、ライブラリーサロンではパソコンや関連図書などで遠野の見どころを調べられるようになっている。

とおの物語の館　地図P6C4

遠野市中央通り2-11
☎0198-62-7887
JR釜石線遠野駅から徒歩8分

　市民センターや遠野市立博物館と米内川を挟んで対岸にあった、とおの昔話村が、平成25年（2013）4月27日、「とおの物語の館」としてリニューアルオープンした。「昔話蔵」や劇場「遠野座」などのほか、お食事処やギフトショップも充実。見て、聞いて、食べて遠野をまるごと満喫できる。

　「昔話蔵」は、この地にあった造り酒屋の蔵を改築したもの。広々とした蔵の中は、遠野地方に古くから伝わる昔話の世界。座敷ワラシや雪女などの話を、切り絵やイラスト、映像などを使って紹介している。さらに、遠野出身の佐々木喜善を紹介するコーナーのほか、映像ライブラリーや絵本コーナーも設けられていて、子供から大人まで幅広い世代が楽しみ、学びながら、それぞれの想像を膨らませることのできる場所。

　「遠野座」は、今も遠野の人々によって

受け継がれる日本の原風景に出会い、遠野の文化にふれることができる劇場空間。素朴で温かい遠野の方言で語り部が聞かせてくれる昔話や、大切に保存し継承してきた神楽をはじめとする多彩な郷土芸能を体感できる。

　「柳田國男展示館」は、柳田が滞在した宿「高善旅館」と、東京で晩年を過ごした家を移築した「旧柳田國男隠居所」で、その生涯と功績を紹介している

伝承園　地図P6C4

遠野市土淵町土淵6地割5番地1
☎0198-62-8655
JR釜石線遠野駅から車で20分

　JR遠野駅から国道340号線を北へ約4km程の所にある。早池峰山への古道を示す古い鳥居や、早池峰大神の碑もある静かな地だ。ここから北へ、早池峰山麓にある早池峰神社へ参道が延びていたのである。「遠野物語」の基となった遠野に伝わる民話を柳田國男に伝えた佐々木喜善の生家も近い。

　園内は、遠野地方のかつての農家の生活様式を再現し、伝承行事、昔話、民芸品の製作・実現などが体験できる。さらに、国重要文化財「菊池家曲り家」や、『遠野物語』の話者であった佐々木喜善の記念館、千体のオシラサマを展示する御蚕神堂（オ

カッパ淵

シラ堂）などがある。郷土料理を堪能できるお食事処もよい。「菊池家曲り家」の建築は江戸時代中期にまでさかのぼるといわれ、曲り家の変遷を知る上で貴重な遺構である。この大きな草葺の曲り家には、幸せをもたらすという"ザシキワラシ"がすみついていたのだろう。そんな気がしてくるから不思議だ。

伝承園から徒歩5分の常堅寺の裏手を流れる小川に、通称「カッパ淵」といわれるところがあり、その昔たくさんのカッパが棲みついていたという。『遠野物語』の中にも、小川に水を飲みに来た馬を引き込もうとするいたずら好きなカッパや、カッパの話が幾つも収載されている。人と交流するカッパの姿は人に危害を加えるものではなく、どことなくユーモラスで憎めない。川の名は足洗川（あしあらいがわ）といい、源義経（みなもとのよしつね）が馬の足を洗ったという地名説話が伝わっている。そして、常堅寺には、「カッパ狛犬（かっぱこまいぬ）」と呼ばれる珍しい狛犬がいる。頭の上のところが凹んでいて雨水がたまるとカッパそっくりになる。その昔、寺が火災にあった時、消火を助けたカッパを狛犬にしたという。

遠野物語

一、柳田國男と遠野

柳田國男は東大法科を卒業して農商務省に入り、後に貴族院書記官長まで務めた、いわば高級官僚だった人。しかし田山花袋（か）・島崎藤村（とうそん）・国木田独歩（どっぽ）らと交友があり、詩人としての感性と農政・農民への関心を終生もち続けた人でもあった。その彼と遠野の人佐々木鏡石（喜善）との出会いが「遠野物語」を生んだ。物語の序文には"鏡石子は年僅（わず）かに二十四五自分もこれに十歳長ずるのみ"とある。

佐々木鏡石は、筆名からも分かるように小説家泉鏡花（いずみきょうか）の心酔者。鏡花的な不思議な世界にひかれて、故郷遠野に伝わる話を集めていた。彼の語る話は、山神山人（さんじんさんじん）に強い関心を持っていた國男を魅了せずにはおかなかった。明治42年（1909）2月頃より話を聞き始め、8月には遠野を訪れた。翌年6月には『遠野物語』として出版しており、いかに情熱をもって精力的にこの仕事に取り組んだかがうかがえる。

二、遠野物語の構成

「遠野物語」には地勢から歌謡まで119の話が収載されている。後に佐々木鏡石が提供した資料を國男が書き改めたものと、鈴木脩一が國男の方針に従って整理したものを合わせて「遠野物語拾遺（しゅうい）」が作られたが、こちらには299の話が集められている。一つの話は2行程の短いものから半頁以上にわたるものまで長短さまざまだ。内容を見てみると、國男の興味をひきつけてやまない山神山人にまつわる話が数も多く実に面白い。「遠野物語」を書いた後に引き続き「山神とヲコゼ」「イタコ及びサンカ」「山人外伝資料」と一連の山人に関する文を発表し、大正14年（1925）には「山の人生」に結実させていった。

國男は山人をどのようにとらえていたのだろうか。

稲作文化を持った人々が先住民を追い出して国を造っていった時、山に追いやられていたのが山人で、時の権力に従わなかった山人が鬼となった。鬼はしかし鎌倉時代にはほとんど退治され、退治されなかった山人

柳田國男

びしく保ったまま、文学の読者にも開放されていたように思う」(中野重治)といわれた程、文学性が高い。「遠野物語」の初版本はわずか350部しか印刷されず、國男自身もごく身近な人に配るくらいにしか思っていなかった。その後民俗学がブームになるなど、夢にも思わなかったに違いない。生前の業績に加えて、民俗学はもとより、歴史学・社会科学・文学などの領域に与えた影響の大きさによっても、今世紀最大の人文科学者と呼ばれるのにふさわしい。

は天狗となる。徳川時代ともなると天狗は力を失い、ついに猿にされてしまったと國男は言う。かつての栄光を失い、里人の合理的な世界に棲めない山人は、一部の共感を持つ人々にのみメッセージを送り続ける。國男は自然との交感、山人の微かな呼びかけが聞きとれる数少ない人の一人だったようだ。「遠野物語」が今なお不思議な魅力をもって私たちに迫ってくるのは、國男の心のおののきが伝わってくるからではないだろうか。

「遠野物語」の世界には神も獣も他界(死)さえも里人のすぐ近くにいる。オシラサマ、ザシキワラシ、オクナイサマなどの神は人の生活に入り込んでいるし、老人を捨てたデンデラ野はすぐ人家の裏にある。雪に閉ざされる長い冬の間に熟成された話が、祖母から子へ孫へ囲炉裏端で語り継がれ、國男の手にすくいとられたのが「遠野物語」だ。

三、柳田民俗学とその影響

柳田國男を日本民俗学の生みの親というが、國男自身は自己の学問を民俗学と呼ぶのは晩年に近くなってからである。それまでは民間伝承と呼んでいた。まだ科学として組織だっていないと自覚していたためである。その分「学問の領域がその特殊性をき

柳田國男・略年譜

西暦(年号)	年齢	事項
1875(明治8)		兵庫県神東郡田原村辻川(現・神崎郡福崎町辻川)に医者であり儒学者であった松岡操の六男として生まれる
1891(明治24)	16	歌人松浦辰男(萩坪)に入門、短歌を学ぶ。田山花袋を知る
1900(明治33)	25	東京帝国大学法科大学卒業。農商務省農務局農政課に勤務
1901(明治34)	26	大審院判事柳田直平の養嗣子となる。3年後、直平四女孝(たか)と結婚
1908(明治41)	33	岩手県遠野の佐々木喜善(鏡石)と出会う(「遠野物語」を書くきっかけとなる)
1909(明治42)	34	初めて遠野を訪れる
1910(明治43)	35	「遠野物語」を出版
1913(大正2)	38	高木敏雄と共に雑誌「郷土研究」を創刊
1920(大正9)	45	東京朝日新聞客員となり、東北から九州・沖縄まで旅行
1947(昭和22)	72	自宅書斎隣に民俗学研究所設立
1954(昭和24)	74	日本民俗会の初代会長となる
1962(昭和37)	87	死去

東北の民間信仰

オシラサマ

柳田國男が佐々木喜善より聞いた遠野の民間伝承をまとめた「遠野物語」には、当然ながら遠野に伝わる民間信仰を数多く伝えている。最も有名なものにオシラサマがあるが、この信仰は岩手から青森一帯に広く見られる。弘前の久渡寺にはオシラ講というオシラサマの祭りがあって、オシラサマ信仰の総本山を名乗っている。神さまと寺の結びつきも珍しい。明治の神仏分離令以後に、仏教が民間信仰の神を取り込んだということらしい。

木を削って顔を描く。その顔は馬であったり人であったり鳥であったりする。その木を神として毎年新しい着物を着せ、祭りの日と定めた日（5月15・16日の両日）に手にとって遊ばせる。これがオシラサマ信仰だ。主に家の神、養蚕の神、農業の神、馬の神などとして崇められている。

オシラサマ信仰には、柳田國男が「遠野物語」に書きとめたように、馬と娘の悲恋の話がついている。長い文なので大意をまとめて記すと―

"……昔あるところに美しい娘がいて、父の飼う馬とねんごろになった。驚いた父は馬を桑の木に吊して殺し、斧で馬の首を切り落としてしまった。すると娘は馬の首に乗って天に昇ってしまった。そこで桑の枝で神像を造り、オシラサマと呼んで信仰したという……"

一般には娘が馬の首と共に天に昇った夜、天から白い虫と黒い虫が降ってきて桑の枝にとまり葉を食べた。カイコは馬と娘の生まれ変わりだという話で終わることが多い。また家に悪い事があることを知らせる神、目の神と信じる人もある。

オシラ神によく似た家の神で、オクナイサマとザシキワラシも有名だ。オクナイサマは「尾内様」か「行ない様」か定かでないが、オシラサマと同じように木に着物を着せる場合と、掛け軸に描く場合がある。ザシキワラシはこれらの神とは異なり、旧家の座敷に出没する童形をした守護霊と考えられている。

コンセサマとオコマサマはいずれも木や石で作った男性のシンボルの形をしている。コンセサマは豊作をもたらし、オコマサマは良馬の誕生を司る神で駒形神社に祀られる。カクラサマとゴンゲサマの信仰が「遠野物語」に出てくる。カクラサマは木の半身像で外に祀られる。以前は旅をする神が休息される所の名であったが、今は信仰するものなしという。子供が引き回して遊んでいたので村人が制止すると、かえって村人に祟ったという。路傍にあって子どもと戯れる神なのだ。

ゴンゲサマ（権現様）は火災から守る霊験を持っている。シシマイの獅子頭に似た大きな口を持ち、子供の頭をかんで病を治すというところも獅子頭に似ている。

石川啄木

（1）生まれ育った家庭と風土

　明治19年（1886）2月20日、南岩手郡日戸村（現・岩手県盛岡市玉山区）の常光寺住職の石川一禎、カツ夫妻の長男として生まれた。本名は父の一字をもらって一と名付けられた。既に姉2人、2年後に妹が生まれるが、たった一人の男児として姉妹から羨望されるほど両親の愛を一身に受けて育った。

　一の生まれた翌年、一家は父の転任の渋民村（現在の盛岡市渋民）の宝徳寺に移り、少年期を過ごした。この岩手山と姫神山を望む静かな山里が、啄木の終生変わらない心の故郷となったことはよく知られている。

　　かくにかくに渋民村は恋しかり
　　おもひでの山おもひでの川

　都会に住む作者が望郷の念を募らせていくさまがうかがわれる短歌とされる。
　啄木がこのように歌って故郷を懐かしま

ねばならなかったのは、後に一家が石もて追われる如く故郷を去らねばならなくなったためである。

（2）文学的出発

　啄木の父は短歌をよく詠み、「みだれ芦」という短稿を残したが、仏道修行中大泉院住職葛原対月の指導を受けたためといわれている。和漢の書を修め易学・茶道に通じ、和歌の道をよくしたといわれる対月だが、父の師であるとともに母の兄でもあった。啄木は盛岡中学時代から短歌を作り始めたが、その素地は父・母双方から受け継いだものかも知れない。啄木の詩歌へのスタートは、父の古風な作風とは全く異なり、与謝野鉄幹・晶子夫妻の文芸誌『明星』に触発されてのものだった。啄木は既に東京新詩社の社友になっていた金田一京助の勧めで、明治34年（1901）社友となっ

石川啄木

「不来方のお城の草に寝ころびて　空に吸はれし　十五の心」
盛岡中学の生徒の頃、恋と文学に夢中だった啄木が、後に自身を回想した一首。（盛岡城跡公園内 石川啄木詩碑）

たようだ。翌年17歳の啄木は、突然、盛岡中学校を退学して上京した。あと半年で卒業という時期の退学事件には、試験のカンニングや堀合節子との恋愛などがからんでいるといわれるが、その原因はともかく、この事件によって父の跡を継いで住職になる道はなくなり、文学への道を選んだことになった。

（3）節子との出会いと結婚

わが恋を
はじめて友にうち明し夜のことなど
思い出づる日

啄木の歌集「一握の砂」の中にこのような歌が載っている。啄木がいつ頃どのように堀合節子と知り合い、交際するようになったのかは正確には分からないが、盛岡中学校3年生のはじめ頃、啄木から節子との恋を打ち明けられたという友人伊東圭一郎の証言があるので、恐らく明治32年（1899）、啄木14歳の頃と思われる。

後に啄木の妻となる節子は、啄木と同年10月14日、南岩手郡上田村（現・盛岡市上田）に生まれ、盛岡市新山小路で育った。盛岡の家は啄木が15歳頃下宿していた姉（田村サダ）の家と5～6軒しか離れていなかったので、毎日顔を合わす機会があったという。節子の父は元秋田第15連隊付きの軍曹で、郡役所に勤務しており、節子自身は岩手県下で唯一のミッションスクールを卒業。滝沢村立篠木尋常小学校の代用教員として裁縫を担当していた。節子の親にとっては、文学を志して中学校を中退し上京するという、啄木の将来に不安を持ち、娘との結婚に反対したのは当然のことだろう。しかし結局、親の方が折れて明治37年（1904）2月結納が交わされた。

5年越しの恋を実らせて喜びあふれる啄木の前に、思いもよらぬ衝撃的な知らせが届いた。明治37年（1905）3月、父一禎が宝徳寺住職の地位を罷免されたのである。本山に納めるべき宗費130円余を滞納したためという。寺を追われ生活基盤のなくなった石川家を、父に代わって支えていくため、

東京に居を移していた啄木は盛岡へ戻らねばならなくなった。

(4) 詩集「あこがれ」

明治38年5月3日、処女詩集「あこがれ」が小田島書房より刊行された。彼が18から20歳にかけて書いた詩77篇を集めており、上田敏が序詩を、与謝野鉄幹が跋文を寄せた。処女詩集を出すという栄光と、故郷を追われるという悲惨を、20歳にして味わった啄木だが、この年は節子との新婚生活が始まった年としても忘れられない。新居は中津川畔の加賀野磧町4番戸にあった。ここでの生活の一端を啄木夫妻は連名で『明星』に送った。

　中津川や月に河鹿の啼く夜なり
　涼風追ひぬ夢見る人と

節子はヴァイオリンと短歌が趣味で、短歌の才能は相当だったが、生活苦に追われて開花させることができなかった。

明治39年（1907）、啄木は生活を支えるため、節子の父の尽力で渋民尋常高等小学校代用教員の職に就くことになった。

啄木が勤めた頃の旧校舎と、渋民村に帰った啄木一家が間借りをした斎藤家の母屋が復元されている。

校長を含め4人の教師が283名の生徒を教えるという当時としては小さな学校に勤めながら、啄木は小説「雲は天才である」を書いた。

この小説の中に描かれた校長と啄木らしき代用教員の不協和音は、実際の生活では一層対立が進み、職を辞して北海道に移ることとなる。

(5) 北海道時代

父一禎の宝徳寺復職の望みも断たれ、小学校で校長排斥運動を指示したという理由で辞職する破目となり、遂に明治40年（1908）5月、北海道函館に渡った。母は渋民村に、妻と子は堀合家に預け、妹だけが北海道に同行した。

2ヶ月後には妻子を、そして母を呼び寄せ、青柳町での生活が始まった。6月には友人の助力で函館区立弥生尋常小学校代用教員として勤めることができており、若き文学者たちが新居を訪れ、漸く啄木にも穏やかな日々が続いた。

しかしこれもつかの間で、8月の函館の大半を焼いたといわれる火事で、小学校も文芸誌をまかせてくれた苜宿社も焼けてしまった。9月札幌・10月小樽と転々とし、翌年1月21日、釧路新聞社赴任のため釧路に着いた。しかし釧路での生活も70日程で終止符をうち、創作活動に専念するため上京の決意を固めるのだった。

(6) 上京そして死

明治41年（1908）5月4日、盛岡中学以来の友人金田一京助の厚意で上京後の本拠を本郷菊坂町82（現・文京区本郷5-5）の赤心館に定め、創作活動に入った。「菊池君」「病院窓」「母」「天鵞絨」などの小説を次々に発表するが、いずれも売れず、生活は苦しくなるばかりだった。10ヶ月後朝日新聞社に校正係として採用されたものの、家族を呼び戻した東京本郷（現文京区本郷2-38-9）の新井家経営の理髪店喜之床二階二間の間借り生活は苦しく、10月妻節子が長女を連れて家出するという事件が起こり、啄木は衝撃を受けた。

その翌年の明治43年（1910）には明

治41年夏以来の作より551首を選んだ詩集「一握の砂」が発行された。

　東海の小島の磯の白砂に
　われ泣きぬれて
　蟹とたはむる

　いのちなき砂のかなしさよ
　さらさらと
　握れば指のあひだより落つ

　たはむれに母を背負ひて
　そのあまり軽きに泣きて
　三歩あゆまず

　友がみなわれよりえらく見ゆる日よ
　花を買ひ来て
　妻としたしむ

　やはらかに柳あをめる
　北上の岸邊目に見ゆ
　泣けとごとくに

　望郷を歌い、生活を歌い、恋を歌い、時には幸徳秋水らの大逆事件に刺激され、社会を歌った歌も作った。

　「一握の砂以後」と名付けられた第二歌集が出版社に持ち込まれたのは、啄木の病もいよいよ重く、死の迫った明治45年（1912）1月下旬のことであった。

　新しき明日の来るを信ずといふ
　自分の言葉に嘘はなけれど

　など、暗く閉ざされた冬の時代に生きる知識人の悲しみや悩みを率直に歌った歌が多い。歌集の名は、「歌は私の悲しい玩具

である」という啄木の文章から「悲しき玩具」と改めて、啄木の死後出版された。

　また病床で書かれた第二詩集「呼子と口笛」は社会派・生活詩人としての啄木の名声を確かなものとしたといわれる。

　「呼子と口笛」以後、啄木の創作活動は進まず、明治45年3月7日、肺結核で母が没し、4月13日には同じ病で啄木も死去。享年わずか26歳1ヶ月。彗星のように現れ、天才の名をほしいままにしながら、貧しさと病気のうちに終わった啄木は、永遠の青春のまま年をとることがない。

　時は移り変わり、昭和57年（1982）6月、東北新幹線（大宮駅－盛岡駅間）が開通した時、新盛岡駅の駅名表示に啄木の筆跡を集めて「もりおか」と記され、駅前には次の歌碑が立てられている。

　ふるさとの山に向かひて　言ふことなし
　ふるさとの山はありがたきかな

啄木望郷の丘（岩山山頂）

陸中海岸南部

青森県の八戸から宮城県の金華山までを三陸海岸といいます。かつての陸前国・陸中国・陸奥国の3国にまたがっていて、そこから名づけられました。現在の岩手県はほぼ陸中国に一致します。

三陸復興国立公園は、青森・岩手・宮城の三県にまたがり、海岸延長約250kmに及んでいて、そのうちの岩手県の海岸を陸中海岸と呼びます。宮古市を境に北部と南部で海岸部にそれぞれ特長があります。

宮古市以北は隆起海岸で、断崖と岩礁が連続する豪壮な景観が見られます。一方南部は陸地が沈降してできた地形で、典型的なリアス海岸となっています。

陸中海岸南部でも、碁石海岸から北へ、綾里崎、越喜来湾、首崎あたりは、岬と湾が交互に現れ、リアス式の景観が見られます。

碁石海岸　地図P6D6

大船渡市末崎町大浜（碁石海岸インフォメーションセンター）
☎0192-29-2359
三陸自動車道「碁石海岸I.C」から車で10分

大船渡市の末崎半島東南端約6kmの海岸線で国の「名勝及び天然記念物」や国立公園に指定され、また三陸ジオパークのジオサイト、みちのく潮風トレイルのコースの一部にもなっている。周辺には大船渡市立博物館、世界の椿館・碁石、椿園などがある。

碁石海岸には碁石八景と呼ばれる景勝地がある。3つの洞門を持つ「穴通磯」、海蝕による見事な水道景観の「乱曝谷」、洞穴に当たる波により雷鳴のような音を発する「雷岩」、碁石のような黒い玉砂利の浜「碁石浜」、えびす浜・碁石岬・千代島・赤土倉などである。

園地内には松林を縫うように約4kmの遊歩道が整備されており四季折々の草花を観賞しながら、時間に合わせた散策ができる。随所に展望台があり乱曝谷付近からは対岸の綾里崎や切り立った断崖と水道、碁石岬からは陸前高田市の広田半島のほか天候が良ければ宮城県の金華山までを見渡すことができる。これが東日本大震災で被災した三陸地域の復興と被災の伝承を目的として、陸中海岸国立公園を中核

穴通磯

37

として、平成25年(2013)、環境省により創設された三陸復興国立公園だ。平成27年3月には、南三陸金華山国定公園を編入し、青森県八戸市から宮城県石巻市までのエリアが指定された。

東日本大震災津波伝承館
「いわて TSUNAMI メモリアル)」 地図P6D6

陸前高田市気仙町字土手影180番地(高田松原津波復興祈念公園内)
☎0192-47-4455
JR大船渡線気仙沼駅からJR大船渡線BRT(所要30分)で「奇跡の一本松駅」下車、徒歩3分

平成23年(2011)3月11日に発生した東日本大震災津波により、多くの尊い命を失った。この館は先人の英知に学び、大震災津波の事実と教訓を世界中の人々と共有し、自然災害に強い社会を一緒に実現することを目指し、令和元年(2019)9月22日に開館した。

展示テーマは、「命を守り、海と大地と共に生きる〜二度と東日本大震災津波の悲しみをくり返えさないために〜」。構成は、エントランスで公園、陸前高田市、三陸沿岸地域、3.11伝承ロード等の情報を提供、ガイダンスシアター(映像約12分・40席)、ゾーン1「歴史をひもとく」ではとりわけ三陸地域は津波の常襲地であること、その津波災害を歴史的・科学的視点からひもとき、古来、育まれてきた知恵や技術、文化を見つめ直し、自然と共に暮らすということを改めて考える。ゾーン2「事実を知る」では被災した実際の物、被災の現場をとらえた写真、被災者の声、記録などを通して、震災津波の事実を見つめる。そして、津波の脅威、被害の実相、命が失われることの重さを、一人ひとりの心に刻む。ゾーン3「教訓を学ぶ」では逃げる、助ける、支えるなど、津波の時の人々の行動をひもとくことで、命を守るための教訓を共有する。そして、主体的に行動することで多くの命を守れることを学ぶ。ゾーン4「復興を共に進める」では国内外からの多くのご支援に対する感謝の気持ちと共に、東日本大震災津波を乗り越えて前へと進んでいく被災地の姿を伝える。

3.11シアター

リアス海岸の形成

　三陸海岸には 26 を超える湾があり、特に中・南部の海岸は、出入りに富んだ海岸となっている。このように出入りに富む海岸は、スペインの北西部でria（入江）の多い地方の名称からリアス海岸と呼ばれる。リアス海岸の形成過程を示す学説は確定していないが、第四氷河期（最終氷河期）及びそれ以前からの種々の成因を受けて出来た谷を持つ地形が、地殻変動などで地盤が沈降することにより出来た（沈降海岸）とする説と、第四氷河期以降の海面上昇により沈水して出来た（沈水海岸）とする説がある。いずれの説も、尾根であったところは岬となり、谷だったところが入江（溺れ谷）となり、海岸付近の斜面は急で、山地が海上に迫る屈曲の多い複雑な海岸線を造り出すと

いう。従来では沈降海岸説が採られていたが、現在では沈水海岸説が一般的である。

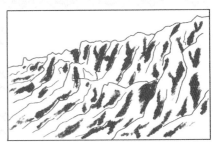

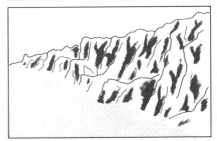

プレートテクトニクス

　地球表面は、厚さ 100 km の剛体的動きをする固い板（プレート）10 数個によって覆われていて、それらの運動や相互作用の結果として、地球上に見られる様々な地学現象を説明する学説が、1960 年代の後期に登場した「プレートテクトニクス」。プレートは、地球内部の高温物質が海嶺において上昇することによって生成され、海嶺から左右に広がる海底プレートは、大陸プレートの下に潜り込んでいく。このようにプレートが押し合う境界では、一方が他方の下に

潜り込むため、大山脈や海溝が形成され、両者がこすり合う面で地震が起きたり、火山が出来たりする。プレートが離れて行く境界では、割れ目に沿ってマグマが噴出し、中央海嶺が出来る。三陸海岸に見られる地形は、大陸プレートと太平洋プレートのプレートテクトニクスによる現象である。

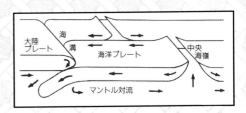

あとがき

　およそ 300 年前、芭蕉が「奥の細道」に歩を踏み出した頃、今のような自在に快適な旅は望むべくもなかった。彼らをそのような困難な旅へと駆り立てのは、いったい何だったのであろうか。

　古代東北豪族の血筋を引き、都をもしのぐ黄金の仏教文化を築いた奥州藤原氏の栄華。たゆとう北上川の岸辺にたたずみ、郷土への熱き思いを詠った啄木。故郷の地とその人々を心から愛した賢治。豊かな風土が伝えてきた数々の民話。

　彼らの情熱と情念、その教えは今も脈々とこの地の人々に受けつがれている。そんな多彩な人物像と歴史・文化の一端を、ご紹介出来たのではないかと思う。各方面からの多大なご協力・ご助力に心から御礼申し上げます。

写真協力

岩手県観光協会、岩手サファリパーク、奥州市立後藤新平記念館、奥州市立高野長英記念館、大船渡市観光物産協会、水沢鋳物工業協同組合、中尊寺、花巻市生涯学習部生涯学習課、東日本大震災津波伝承館（いわて TSUNAMI メモリアル）、平泉文化史館、綜芸文化研究所

＊修学旅行等で貸切バス等での団体移動・見学のための編集になっております。
　寺院・観光施設の料金・入退場時間などは掲載されていません。ご注意下さい。

観光問合わせ先
岩手県観光協会　　　　　☎ 019-651-0626
岩手県観光課　　　　　　☎ 019-629-5574
いわて・盛岡広域観光センター　☎ 019-625-2090

散策＆観賞岩手（南部地域）編　～修学旅行に行く前に読む本～
第 1 版第 1 刷　　　定価　本体 510 円＋税
発行日　　　　2020 年 10 月 1 日
編集スタッフ　ユニプラン編集部
デザイン　　　岩崎宏
発行人　　　　橋本良郎
発行所／株式会社ユニプラン
〒 601-8213 京都府京都市南区久世中久世町 1-76
TEL．075-934-0003
FAX．075-934-9990
振替口座／ 01030-3-23387
印刷所／株式会社プリントパック
ISBN978-4-89704-510-8